Anonym

Grundlagen des Qualitätsmanagement

GRIN Verlag

Bibliografische Information der Deutschen Nationalbibliothek:

Die Deutsche Bibliothek verzeichnet diese Publikation in der Deutschen National-
bibliografie; detaillierte bibliografische Daten sind im Internet über http://dnb.d-
nb.de/ abrufbar.

Impressum:

Copyright © 2005 GRIN Verlag GmbH
Druck und Bindung: Books on Demand GmbH, Norderstedt Germany
ISBN: 978-3-656-75621-7

Dieses Buch bei GRIN:

http://www.grin.com/de/e-book/281057/grundlagen-des-qualitaetsmanagement

GRIN - Your knowledge has value

Der GRIN Verlag publiziert seit 1998 wissenschaftliche Arbeiten von Studenten, Hochschullehrern und anderen Akademikern als eBook und gedrucktes Buch. Die Verlagswebsite www.grin.com ist die ideale Plattform zur Veröffentlichung von Hausarbeiten, Abschlussarbeiten, wissenschaftlichen Aufsätzen, Dissertationen und Fachbüchern.

Besuchen Sie uns im Internet:

http://www.grin.com/

http://www.facebook.com/grincom

http://www.twitter.com/grin_com

Grundlagen des Qualitätsmanagement

1. Einführung

1.1 Bedeutung der Produkt- und Prozessqualität

Höhere Kundenorientierung und zunehmende Komplexität von Produkten und Dienstleistungen rücken Fragen der Qualität immer mehr in den Vordergrund unternehmerischen Handelns. Qualität wird durch die Nutzer wahrgenommen und dient der Bedürfnisbefriedigung der Kunden.

Qualitativ hochwertige Produkte und Prozesse realisieren eine hohe technische Zuverlässigkeit und führen zu einer Risikominimierung und damit zu einer Verringerung der Produkthaftung.

Die Kriterien Qualität, Preis und Liefertreue sind die wesentlichen Erfolgsfaktoren eines Unternehmens.

Zur Herstellung qualitativ hochwertiger Produkte mit minimalem Aufwand sind fähige und beherrschte Prozesse Voraussetzung. Das bedeutet:

Prozessqualität ist die Voraussetzung für Produktqualität.

Der wirtschaftliche Erfolg von Unternehmen wird wesentlich durch die Qualität der hergestellten Produkte und Prozesse bestimmt. Ziel jedes Unternehmens ist es, den beabsichtigten Zweck mit möglichst wenig Mitteln bzw. Kosten zu erreichen. Treten Fehler oder Ausfälle auf, verursachen diese unter Umständen erhebliche Mehrkosten. Diese Mehrkosten sind umso höher, je später die Fehler im Produktlebenszyklus erkannt werden.

Das beschreibt die Zehnerregel der Fehlerkosten: Werden Fehler jeweils eine Stufe später im Herstellungsprozess, bzw. erst beim Kunden entdeckt, sind die Kosten für die Fehlerbeseitigung etwa 10mal höher. Wenn also überhaupt Fehler entstehen, sollten diese frühzeitig entdeckt werden. Verfahren für das präventive Qualitätsmanagement sind deshalb von besonderer Bedeutung.

Die Globalisierung der Märkte und beschleunigte Innovation von Produkten und Prozessen lassen die Anforderungen an das Qualitätsmanagement in Unternehmen ständig steigen. So ist eine ehrgeizige Zielstellung die Umsetzung der Null-Fehler-Strategie. Die Anwendung moderner Methoden und Werkzeuge des Qualitätsmanagements ermöglicht die Erreichung dieses anspruchsvollen Ziels.

1.2 Historische Entwicklung des Qualitätsmanagements

Die Keilhandschriften von Hammurapi beinhalteten die ersten Ansätze des Qualitätsmanagement.

Bedeutende Persönlichkeiten der jüngeren Geschichte formulierten den Qualitätsgedanken wie folgt:

- Daimler: „Das Beste oder nichts"
- Heuß: „Qualität ist das Anständige"

- Bosch: „Es war mir immer ein unerträglicher Gedanke, es könne jemand bei der Prüfung eines meiner Erzeugnisse nachweisen, dass ich irgendwie Minderwertiges leiste."

Das Qualitätsmanagement wurde besonders durch folgende Branchen und Aktivitäten vorangetrieben und entwickelt:
- Militärtechnik
- Energie- und Kernenergietechnik

1.3 Grundbegriffe der Qualitätslehre

Im Qualitätsmanagement werden unterschiedliche Objekte zu unterschiedlichen Zwecken betrachtet. Diese Objekte werden als Einheit bezeichnet.

Einheit: Materieller oder immaterieller Gegenstand der Betrachtung.

Einheiten können spezifiziert werden als:
- Tätigkeiten
- Produkte
- Systeme
- Personen
- Kombinationen aus Einheiten

Produkte werden unterschieden in materielle und immaterielle Produkte. Um Einheiten zu beschreiben, wird der Begriff der Beschaffenheit benötigt:

Beschaffenheit: Gesamtheit der Merkmale und Merkmalswerte, die zur Einheit selbst gehören.

Merkmal: Eigenschaft zum Erkennen oder zum Unterscheiden von Einheiten.

Merkmale werden unterschieden in inhärente (der Einheit innewohnende) Merkmale und zugeordnete Merkmale.

Qualitätsforderung: Gesamtheit der betrachteten Einzelforderungen an die Beschaffenheit einer Einheit in der betrachteten Konkretisierungsstufe der Einzelforderungen.

Die Qualitätsforderung an die gesamte Einheit ergibt sich aus der Summe der Einzelforderungen in der betrachteten Konkretisierungsstufe, d.h. aus allen Forderungen aller Merkmale.

Qualität:
a) Realisierte Beschaffenheit einer Einheit bezüglich Qualitätsforderung
b) Grad, in dem ein Satz inhärenter Merkmale Anforderungen erfüllt

Qualitätsmanagement: Gesamtheit der qualitätsbezogenen Tätigkeiten und Zielsetzungen.

Qualitätssicherung: Teil des Qualitätsmanagement, der auf das Erzeugen von Vertrauen gerichtet ist, dass Qualitätsanforderungen erfüllt werden.

Qualitätsmanagementsystem: Managementsystem zum Leiten und Lenken einer Organisation bezüglich der Qualität.

2. Qualitätsmanagement und Messtechnik

2.1 Messgrößen zur Beschreibung der Qualität

Die Beschaffenheit einer Einheit setzt sich aus den Merkmalen und den Werten dieser Merkmale zusammen. Die Merkmale sind daher messbare Stellvertreter der Qualität. Dadurch verliert Qualität ihre Anonymität und wird fassbar. Darüber hinaus können die Dienste des staatlichen und betrieblichen Messwesens in Anspruch genommen werden. Es gibt auch Qualitätseigenschaften, die heute noch nicht messbar sein. Für diese müssen schrittweise ebenfalls die Voraussetzungen für ihre Messbarkeit geschaffen werden. Die Messtechnik nimmt hieran selbst erheblichen Anteil, indem sie sich schrittweise von der analogen über die digitale zur intelligenten und wissensbasierten Messtechnik weiterentwickelt.

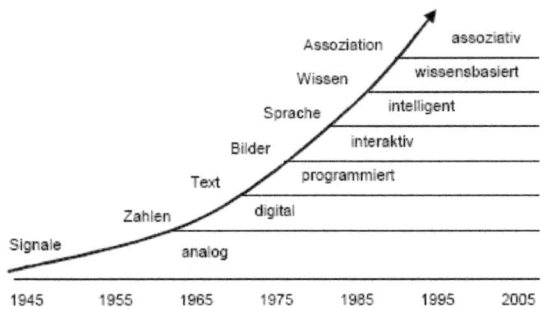

Eine Schlüsselstellung für die Weiterentwicklung der Messtechnik haben Software und Normale.

METROLOGISCHES NORMAL ist ein Messmittel, das die Maßeinheit einer Messgröße definiert, physikalisch vergegen-ständlicht, bewahrt oder reproduziert, um sie durch Vergleich auf andere Messmittel zu übertragen.

PARTIKULÄRES NORMAL ist ein objektives Muster, das die Identifikationsmarken eines Objekts oder Ereignisses definiert, physikalisch vergegenständlicht, bewahrt oder reproduziert, um sie durch Vergleich auf andere Messmittel zu übertragen.

OBJEKTIVES VIRTUELLES NORMAL ist ein Rechenprogramm oder eine Datenbank, die die Identifikationsmarken eines Objekts oder Ereignisses definiert, physikalisch vergegenständlicht, bewahrt oder reproduziert, um sie durch Vergleich auf andere Messmittel zu übertragen.

SUBJEKTIVES VIRTUELLES NORMAL ist ein subjektives Muster mit beispielsweise numerischen, verbalen, mathematischen und/oder graphischen Symbolen in der Vorstellung eines oder mehrerer Experten, das die Identifikationsmerkmale eines Objekts oder Ereignisses definiert, repräsentiert oder reproduziert, um sie durch Vergleich auf andere Informationsverarbeitungsvorgänge zu übertragen.

2.2 Arten von Merkmalen

Prinzipiell werden Merkmale unterschieden in qualitative und quantitative Merkmale.

Quantitative Merkmale: Merkmale, deren Werte einer Skala zugeordnet sind, auf der Abstände definiert sind.

Quantitative Merkmale werden weiter unterschieden in diskrete und kontinuierliche Merkmale. Kontinuierlich sind quantitative Merkmale, wenn sie jeden beliebigen Zwischenwert innerhalb des Wertebereichs annehmen können. Diskret sind quantitative Merkmale, wenn ihr Wertebereich endlich oder abzählbar unendlich ist.

Qualitative Merkmale: Merkmale, deren Wert einer Skala zugeordnet sind, auf der keine Abstände definiert sind.

Qualitative Merkmale werden unterschieden in Ordinal- und Nominalmerkmale. Ordinalmerkmale sind qualitative Merkmale, die einer Ordnungsbeziehung zwischen den Merkmalswerten aufweisen (Noten). Nominalmerkmale sind qualitative Merkmale, die keine Ordnungsbeziehung zwischen den Merkmalswerten aufweisen.

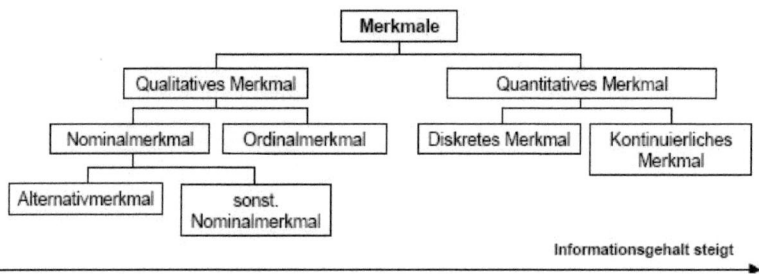

Die Kenntnis der Art des Merkmals ist von entscheidender Bedeutung für die Qualitäts- und Prüfplanung.

2.3 Qualitätsregelkreise

Die Umsetzung von Qualitätsmanagement bedeutet, materielle und immaterielle Produkte und Prozesse in Sollqualität herzustellen, Prozesse in einer Sollqualität zu regeln und ständig zu verbessern. In Analogie zu technischen Regelkreisen müssen deshalb für das Qualitätsmanagement Qualitätsregelkreise mit Qualitätsregelstrecke, Qualitätsregler, Qualitätsführungsgröße w, Qualitätsregelabweichung e, Qualitätssteuergröße u und Qualitätsregelgröße x aufgebaut werden.

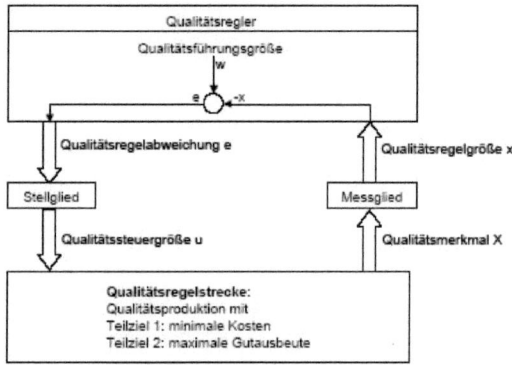

Qualitätsregelkreis: abgeschlossener technologisch-organisatorischer Wirkungsablauf in einem Prozess zur Erzeugung eines Qualitätsproduktes.

Für die Modellierung, Dimensionierung und praktische Umsetzung von Qualitätskreisen ist anzustreben, dass
- Die Qualität durch messbare Stellvertreter beschrieben wird
- Gestörte Qualitäten messbar sind
- Die verursachten Störungen mess- und steuerbar sind
- Die Störungen schnell erkannt und erfasst werden
- Störungen schnell ausgeregelt werden
- Die bleibende Regelabweichung gegen Null strebt
- Die Regelung selbsttätig arbeitet
- Die Regelung adaptiv arbeitet.

Qualitätsregelkreise müssen sowohl für Produkte/Dienstleistungen, als auch für Prozesse aufgebaut werden.

Der Produkt-/Dienstleistungsregelkreis ist ein Qualitätsregelkreis, der werkstück-/leistungsorientiert anhand der Qualitätsmerkmale des Produktes/der Dienstleistung gesteuert wird. Der Prozessregelkreis ist ein Qualitätsregelkreis, der werkstück-/leistungsorientiert anhand der Qualitätsmerkmale des Prozesses gesteuert wird.

Für qualitätsgerechte Leistung ist stets die Kombination von Produkt- und Prozessqualitätsregelkreise notwendig – Produkt-Prozessqualitätsregelung.

Kleine Qualitätsregelkreise dienen der laufenden Steuerung/Qualitätserzeugung im Herstellungsprozess durch unverzögerte Einflussnahme auf die einzelnen Fertigungsschritte. Sie nehmen direkten Einfluss auf die herzustellenden Qualitätsmerkmale in der Phase ihrer Erzeugung.

Große Qualitätsregelkreise dienen der nachträglichen Überprüfung und Qualitätsbestätigung des Herstellungsprozesses durch verzögerte Einflussnahme in mehreren Fertigungsstufen. Sie nehmen indirekten Einfluss auf die herzustellenden Qualitätsmerkmale für die Phase ihrer zukünftigen Erzeugung.

3. Prozessorientiertes Qualitätsmanagement

3.1 Prozesse

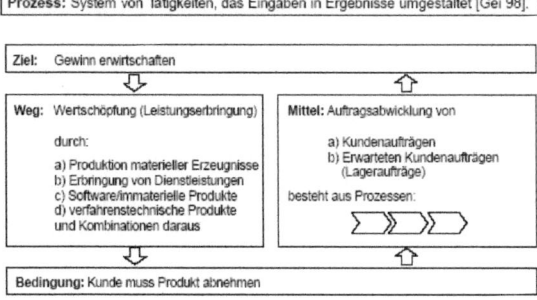

5

Der Erfolg der Unternehmung ist direkt mit der Leistungsfähigkeit und der Kundenorientierung der Prozesse verknüpft. Daher besteht die Forderung, die Qualität der Unternehmensprozesse systematisch zu lenken und zu leiten. Das System zum Leiten und Lenken der Organisation bezüglich Qualität muss sich daher an den Prozessen des Unternehmens ausrichten.

Jeder Prozess wandelt bestimmte Eingaben in Ergebnisse um. Für diese Transformation werden bestimmte Mittel benötigt. Solche Mittel sind unter anderem:

- Einrichtungen
- Anlagen
- Technologien
- Personen
- Methoden

Jeder Prozess besteht somit aus folgenden 4 Elementen:

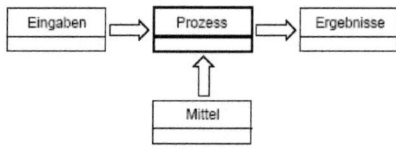

Prozesse weisen insbesondere zwei Eigenschaften auf:
- Abgegrenztheit: Jeder Prozess hat einen definierten Anfang und ein definiertes Ende.
- Selbstähnlichkeit: Jeder Prozess kann in weitere Prozesse zerlegt werden.

3.2 Prozessketten

Prozesse im Unternehmen sind in vielfältiger Weise untereinander verknüpft. So sind die Ergebnisse eines Prozesses Eingaben anderer Prozesse. Auf diese Weise entstehen Prozessketten. Jedes der Elemente dieser Prozessketten ist Zwitter: es ist gleichzeitig Kunden eines Prozesskettenelementes und Lieferant eines anderen Prozesskettenelementes.

Der Fluss von Forderungen und Produkten verläuft gegensätzlich.

Die Übereinstimmung von Forderung und Produkt wird vorwärts als Kundenzufriedenheit und rückwärts als Lieferantenbewertung gemessen.

Prozessketten enden nicht an den Grenzen von Organisationseinheiten. So verläuft die Prozesskette durch mehrere Organisationseinheiten. Solche Organisationseinheiten können beispielsweise sein:
- Unternehmen
- Unternehmensgruppen
- Abteilungen
- Arbeitsplätze

Die Ausweitung des Managements von Prozessketten über die Organisationsgrenzen hinweg führt zum Supply Chain Management.

Im Unternehmen trifft man auf Prozessketten, die direkt Produkten zugeordnet werden können und auf Prozessketten, die Bestandteil einer Unternehmensfunktion sind.

Produktbezogene Prozessketten: Prozessketten, die Prozesse der Herstellung, bzw. Werterhöhung von Produkten umfassen.

Funktionsbezogene Prozessketten: Prozessketten, die produktübergreifend einer Unternehmensfunktion zugeordnet werden können.

Die Gestaltung produktbezogener Prozessketten hat den Vorteil der Betonung der Orientierung auf den externen Kunden, da die Prozesskette in Richtung der Werterhöhung weist. Eine zu einseitige Ausrichtung auf produktbezogene Prozessketten kann den Verlust von Know How zur Folge haben.

Funktionsbezogene Prozessketten bringen wiederum dann Vorteile, wenn gleichartige Methoden und Ressourcen auf verschiedene Produkte angewendet werden. Eine typische funktionsbezogene Prozesskette ist die Abwicklung der Instandhaltung, sie wirkt produktunabhängig. Eine zu starke Orientierung auf funktionsbezogener Prozessketten kann den Aufbau effizienter produktbezogener Prozessketten beeinträchtigen.

3.3 PDCA – Plan Do Check Act-Zyklus

Um die Leistungsfähigkeit von Prozessen zu sichern und weiter zu erhöhen, ist es hilfreich, Prozesse als wiederkehrende Abfolge der Phasen
- Planen
- Ausführen
- Prüfen und
- Verbessern

zu gestalten. Dieser Ablauf wird nach Deming mit dem Begriff PDCA-Zyklus bezeichnet.

Deming'scher PDCA-Zyklus

3.4 Prozessgestaltung

Der Aufbau von Prozessstrukturen wird als prozessorientierter Ansatz bezeichnet.

Prozessorientierter Ansatz: Systematisches Erkennen sowie Handhaben verschiedener Prozesse innerhalb einer Organisation, vor allem aber der Wechselwirkungen zwischen solchen Prozessen.

Folgende Schritte sind zum Aufbau einer Prozessstruktur notwendig:
a) Prozessdefinition: Identifizierung und Systematisierung der Prozesse
b) Benennung der Prozessverantwortlichen
c) Analyse der Prozesse
d) Reengineering: Aufbau einer PDCA-Struktur

Ein gut gestalteter Prozess...
- Ist kundenorientiert
- Erhöht den Wert eines Produktes bzw. einer Dienstleistung
- Hat einen Prozessverantwortlichen
- Wird von allen Beteiligten verstanden
- Wird anhand von Messgrößen beurteilt und
- Wird kontinuierlich verbessert.

4. Normen für Qualitätsmanagementsysteme

4.1 Gründe für den Aufbau von QM-Systemen

- Schaffung von Vertrauen zwischen Kunden und Lieferanten
- Verbesserung der betrieblichen Abläufe und ihrer Dokumentation
- Schaffung von Vertrauen der Organisation in die eigenen Geschäftsprozesse
- Entlastungsmöglichkeit im Produkthaftungsfall

4.2 Entstehung der Normenfamilie ISO 9000ff

Es gibt Mindestanforderungen an QM-Systeme, die eingehalten werden müssen. Normen für QM-Systeme beschreiben daher Mindestbestandteile von QM-Systemen und die Anforderungen an diese. Die Entwicklung der Normenfamilie hatte ihren Ursprung im militärischen Bereich. Sie entstand aus der US-Norm, der kanadischen Norm und der britischen Norm.

Sie wurde 1990, 1994 und 2000 überarbeitet und bildet seither die Grundlage für den Aufbau und die Zertifizierung von QM-Systemen.

4.3 Überblick Normen und Regelwerke für QM-Systeme

Normen und Regelwerke für QM-Systeme können unterschieden werden in:
- Weltweite Normen (ISO)
- Europäische Normen (EN)
- Nationale Normen (DIN, BS)
- Branchenspezifische Regelwerke (VDA6, GMP)
- Unternehmensspezifische Regelwerke

4.4 Aufbau der Normenfamilie ISO 9000:2000ff

Die im Dezember 2000 verabschiedete Normenfamilie ISO 9000:2000ff besteht aus 4 Normen:
- ISO 9000 – Grundlage und Begriffe
- ISO 9001 – Anforderungen
- ISO 9004 – Leitfaden zur Verbesserung
- ISO 19011 – Leitfaden für Audits von QM- und/oder UM-Systemen

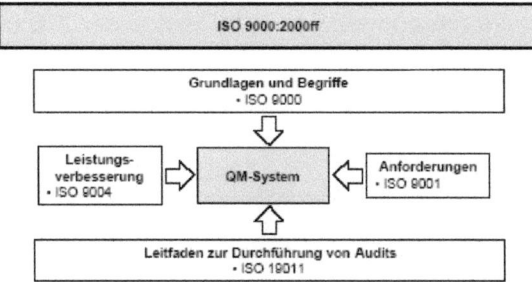

ISO 9001 und 9004 bilden ein „konsistentes Paar", können aber auch einzeln angewendet werden. Sie sind für alle Arten von Organisationen anwendbar, daher besteht kein Bedarf mehr für erläuternde Normen bezüglich Anwendungen für Software, Dienstleistungen usw., wie sie in der 1994er Aufgabe noch notwendig waren.

In der ISO 9001:2000 werden fünf Hauptprozesse unterschieden:
- QM-Systemen
- Verantwortung der Leitung
- Management von Ressourcen
- Produktrealisierung
- Messung, Analyse und Verbesserung

Diese sind im Prozessmodell der ISO 9000:2000ff angeordnet.

Die ISO 9004:2000 ergänzt die Anforderungen der ISO 9001:2000 durch Anleitungen, um insbesondere die Gesamtleistung, Effizienz und Wirksamkeit einer Organisation ständig zu verbessern. Die Anwendung beider Normen ermöglicht den Aufbau eines effektiven, effizienten und umfassenden QM-Systems.

Die acht Qualitätsmanagement-Grundsätze der ISO 9000:2000

Kundenorientierung	Organisationen hängen von ihren Kunden ab und sollten daher gegenwärtige und zukünftige Erfordernisse der Kunden verstehen, deren Anforderungen erfüllen und danach streben, deren Erwartungen zu übertreffen.
Führung	Führungskräfte schaffen die Übereinstimmung von Zweck und Ausrichtung der Organisation. Sie sollten das interne Umfeld schaffen und erhalten, in dem sich Personen voll und ganz für die Erreichung der Ziele der Organisation einsetzen können.
Einbeziehung der Personen	Auf allen Ebenen machen Personen das Wesen einer Organisation aus, und ihre vollständige Einbeziehung ermöglicht, ihre Fähigkeiten zum Nutzen der Organisation einzusetzen.
Prozessorientierter Ansatz	Ein erwünschtes Ergebnis lässt sich effizienter erreichen, wenn Tätigkeiten und dazugehörige Ressourcen als Prozess geleitet und gelenkt werden.
Systemorientierter Managementansatz	Erkennen, Verstehen, Leiten und Lenken von miteinander in Wechselbeziehung stehenden Prozessen als System tragen zur Wirksamkeit und Effizienz der Organisation beim Erreichen ihrer Ziele bei.
Ständige Verbesserung	Die ständige Verbesserung der Gesamtleistung der Organisation stellt ein permanentes Ziel der Organisation dar.
Sachbezogener Ansatz zur Entscheidungsfindung	Wirksame Entscheidungen beruhen auf der Analyse von Daten und Informationen.
Lieferantenbeziehungen zum gegenseitigen Nutzen	Eine Organisation und ihre Lieferanten sind voneinander abhängig. Beziehungen zum gegenseitigen Nutzen erhöhen die Wertschöpfungsfähigkeit beider Seiten.

5. Anforderungen an QM-Systeme nach ISO 9000:2000ff

5.1 Qualitätsmanagementsystem

5.1.1 Allgemeine Anforderungen

Die oberste Leitung muss QM-System aufbauen, dokumentieren, verwirklichen, aufrechterhalten und Wirksamkeit verbessern

Das Prozessmanagement hat zu umfassen:
* Erkennen der für das Qualitätsmanagementsystem erforderlichen Prozesse
* Festlegen der Abfolge und Wechselwirkung dieser Prozesse
* Festlegen der Kriterien und erforderlichen Methoden, um das wirksame Durchführen und Lenken dieser Prozesse sicherzustellen
* Sicherstellen der Verfügbarkeit von Informationen, die zur Durchführung und Überwachung dieser Prozesse benötigt werden
* Messen, Überwachen und Analysieren dieser Prozesse und Treffen von Maßnahmen, um die geplanten Ergebnisse sowie eine ständige Verbesserung zu erreichen

5.1.2 Dokumentationsanforderungen

QM-Dokumentation muss beinhalten:
* Qualitätsmanagementhandbuch
* Qualitätspolitik und -ziele
* Dokumentierte Verfahren entsprechend den ISO 9001-Forderungen
* Dokumente, die vom Unternehmen zur wirksamen Planung, Durchführung und Lenkung von Prozessen benötigt werden
* Aufzeichnungen, die von der ISO 9001 gefordert werden

Dokumente müssen:

- vor Ausgabe auf Angemessenheit geprüft werden
- bewertet, ggf. aktualisiert und erneut genehmigt werden
- mit Änderungen und Revisionsstand gekennzeichnet sein
- aktuell an den jeweiligen Einsatzorten verfügbar sein
- gekennzeichnet bzw. vor unbeabsichtigter Verwendung geschützt werden, wenn sie veraltet sind

5.2 Verantwortung der Leitung

5.2.1 Verpflichtung der Leitung

Die oberste Leitung ist verpflichtet zur:

> Entwicklung und Verwirklichung des QM-Systems und zur Verbesserung seiner Wirksamkeit

> Vermittlung der Bedeutung der Erfüllung von Kunden- und gesetzlichen/behördlichen Anforderungen

> Festlegung von Qualitätspolitik und sicherstellen, dass Qualitätsziele festgelegt werden

> Durchführung von Managementbewertungen

> Sicherstellung der Verfügbarkeit der erforderlichen Ressourcen

5.2.2 Kundenorientierung

Durch die oberste Leitung muss sichergestellt werden, dass

> Kundenbedürfnisse und Erwartungen ermittelt

> in Anforderungen umgewandelt und

> mit dem Ziel der Erhöhung der Kundenzufriedenheit

erfüllt werden

5.2.3 Qualitätspolitik

Die Qualitätspolitik muss:

> für den Zweck des Unternehmens angemessen sein

> zur Erfüllung der Anforderungen und zur ständigen Verbesserung verpflichten

> Festlegung und Bewertung der Qualitätsziele ermöglichen

> im gesamten Unternehmen vermittelt und verstanden werden

> fortdauernd auf Angemessenheit bewertet werden

5.2.4 Planung

Festlegung der messbaren Qualitätsziele für alle relevanten Funktionsbereiche und Ebenen im Unternehmen

Die oberste Leitung muss die Planung des QM-Systems sicherstellen, um

- die allgemeinen Anforderungen zum QM-System zu erfüllen
- die Qualitätsziele zu erreichen

5.2.5 Verantwortung, Befugnis und Kommunikation

- Verantwortungen und Befugnisse müssen festgelegt und bekannt gemacht werden
- Benennung eines Leitungsmitglieds als Beauftragten durch die oberste Leitung
- Die oberste Leitung muss die Einführung von internen Kommunikationsprozessen sicherstellen

5.2.6 Managementbewertung

- QM-System in geplanten Abständen zur Sicherstellung seiner fortdauernden Eignung, Angemessenheit und Wirksamkeit bewerten
- Verbesserungsmöglichkeiten und Änderungsbedarf ermitteln
  - für das QM-System
  - für die Qualitätspolitik
  - für die Qualitätsziele
- Managementbewertungen müssen aufgezeichnet werden

5.3 Management von Ressourcen

5.3.1 Bereitstellung von Mitteln

Benötigte Ressourcen bestimmen und rechtzeitig bereitstellen, zur:
- Verwirklichung, Aufrechterhaltung und Verbesserung des QM-Systems
- Erhöhung der Kundenzufriedenheit durch Erfüllung der Kundenanforderungen

5.3.2 Personal

5.3.3 Einrichtungen

5.3.4 Arbeitsumgebung

- Das Personal für qualitätsrelevante Aufgaben muss fähig sein aufgrund von Ausbildung, Schulung, Fertigkeiten und Erfahrungen
- Bedarf an Fähigkeiten des Personals ermitteln
- Schulungen oder andere Maßnahmen zur Deckung des Bedarfs durchführen
- Ermittlung, Bereitstellung und Aufrechterhaltung der qualitätsrelevanten Infrastruktur
- Die benötigte Arbeitsumgebung zur Erreichung der Produktkonformität muss ermittelt, bereitgestellt und aufrechterhalten werden

5.4 Produktrealisierung

5.4.1 Planung der Produktrealisierung

Bei der Planung der Realisierungsprozesse
- müssen Qualitätsziele und Produktanforderungen berücksichtigt werden
- muss der Bedarf an Prozessen, Dokumenten, produktspezifischen Ressourcen festgelegt werden
- müssen produktspezifische Verifizierungs-, Validierungs-, Überwachungs- und Prüftätigkeiten sowie Annahmekriterien
- müssen erforderliche Aufzeichnungen festgelegt werden zum Nachweis konformer Produkte und Prozesse

5.4.2 Kundenbezogene Prozesse

Ermittlung der Anforderungen in Bezug auf:
- spezifizierte Kundenanforderungen einschließlich Lieferung und Tätigkeiten nach der Lieferung
- nicht-spezifizierte Kundenanforderungen, die für den Gebrauch notwendig sind
- behördlicher und gesetzlicher Produktanforderungen
- weitere von der Organisation festgelegte Anforderungen

5.4.3 Entwicklung

- Vorgaben zu Produktanforderungen ermitteln und aufzeichnen einschließlich:
  - Funktions- und Leistungsanforderungen
  - behördliche und gesetzliche Anforderungen
  - aus früheren ähnlichen Entwicklungen abgeleitete Anforderungen
  - alle sonstigen maßgebenden Anforderungen
- Aufzeichnung der Ergebnisse, die eine Verifizierung der Vorgaben ermöglichen
- systematische Entwicklungsbewertungen durchführen
- Entwicklungsverifizierung durchführen, um die Erfüllung der Entwicklungsvorgaben sicherzustellen
- Entwicklungsvalidierung (wenn möglich vor Auslieferung) durchführen, um Eignung für den beabsichtigten Gebrauch sicherzustellen
- Entwicklungsänderungen kennzeichnen und aufzeichnen

5.4.4 Beschaffung

- Erfüllung der Anforderungen beschaffter Produkte/Dienstleistungen sicherstellen
- Lieferanten beurteilen, auswählen und neu beurteilen bezüglich:
  - Fähigkeit, anforderungsgerecht zu liefern
  - nach festgelegten Kriterien
  - Aufzeichnung der Ergebnisse der Bewertung und der ggf. notwendigen Maßnahmen
- klare Beschreibung des Produktes in den Beschaffungsdokumenten
- Angemessenheit der Beschaffungsunterlagen vor Freigabe sicherstellen
- Notwendige Prüfungen oder Maßnahmen zur Sicherstellung anforderungsgerechter Produkte festlegen und verwirklichen
- Verifizierungsmaßnahmen und -methoden beim Lieferanten gegebenenfalls in den Beschaffungsunterlagen festlegen

5.4.5 Produktion und Dienstleistungserbringung

> Planung und Durchführung der Produktion / Dienstleistungserbringung unter beherrschten Bedingungen durch:

- Verfügbarkeit von Angaben zu Produktmerkmalen
- Verfügbarkeit von Arbeitsanweisungen, wo erforderlich
- Verfügbarkeit geeigneter Ausrüstungen für Produktion und Dienstleistungserbringung
- Verfügbarkeit und Gebrauch geeigneter Überwachungs- und Messmittel
- Verwirklichen von Überwachungen und Messungen
- festgelegte Verfahren zur Freigabe und Lieferung und ggf. Tätigkeiten nach Lieferung

> Validierung der Prozesse zur Produktion und Dienstleistungserbringung

> Kennzeichnung und Rückverfolgbarkeit

> Sorgfältiger Umgang mit Kundeneigentum innerhalb des eigenen Verantwortungsbereichs (Kennzeichnung, Verifizierung und Schutz)

> Sicherstellen, dass Konformität der Produkte (bzw. Teile des Produktes) während der internen Verarbeitung und Lieferung erhalten bleibt

5.4.6 Lenkung von Überwachungs- und Messmitteln

> Die für die Überwachungen und Messungen zur Sicherstellung der Produktkonformität erforderlichen Prüfmittel ermitteln

> Prozesse zur Sicherstellung einführen, dass anforderungsgerechte Überwachungen und Messungen durchgeführt werden können

> Prüfmittel kalibrieren oder verifizieren

- regelmäßig mit rückführbaren Normalen durchführen und Ergebnisse aufzeichnen
- bei n.i.O.-Ergebnis Prüfergebnisse aufzeichnen, neu bewerten und Korrekturmaßnahmen ergreifen

> Prüfmittel

- zur Erkennung des Kalibrierstatus kennzeichnen und gegen Verstellen sichern, wo notwendig
- bei Bedarf justieren
- vor Beschädigung oder Verschlechterung schützen bei Handhabung, Instandhaltung und Lagerung

5.5 Messung, Analyse, Verbesserung

- ➤ Überwachungs-, Mess-, Analyse- und Verbesserungsprozesse planen und verwirklichen zur Sicherstellung
    - der Produktkonformität
    - der Konformität des QM-Systems
    - zur ständigen Verbesserung der Wirksamkeit des QM-Systems
- ➤ Informationen über Kundenzufriedenheit bzw. -unzufriedenheit als Messgröße für QM-Systemleistung nutzen
- ➤ Methoden zur Beschaffung und Nutzung der Angaben zur Kundenzufriedenheit festlegen
- ➤ Durchführung von Audits (Überwachung und Messung von Kundenzufriedenheit, der Prozesse, der Produkte und des QM-Systems)
- ➤ Korrekturmaßnahmen bei Fehlern
    - unverzüglich ergreifen zur Fehler und Ursachenbeseitigung
    - Verwirklichung der Maßnahmen verifizieren
    - über die Ergebnisse Bericht erstatten
- ➤ Verfahren zum Umgang mit fehlerhafter Produkte festlegen
- ➤ Daten ermitteln, erfassen und analysieren
    - zur Darlegung der Eignung und Wirksamkeit des QM-Systems
    - Einhaltung der Produktanforderungen
    - Kundenzufriedenheit
- ➤ Ständige Verbesserung der Wirksamkeit des QM-Systems durch Einsatz
    - der Qualitätspolitik, der Qualitätsziele
    - von Auditergebnissen
    - von Datenanalysen
    - von Korrektur- und Vorbeugungsmaßnahmen
    - von Managementbewertungen
- ➤ angemessene Korrekturmaßnahmen zur Beseitigung der Ursachen von Fehlern/Wiederholfehlern ergreifen
- ➤ Dokumentiertes Verfahren festlegen für:
    - die Fehlerbewertung (einschließlich Kundenbeschwerden)
    - die Ermittlung der Fehlerursachen
    - die Beurteilung des Handlungsbedarfs zur Vermeidung von Wiederholfehlern
    - die Ermittlung und Verwirklichung von notwendigen Maßnahmen
    - die Aufzeichnung der Ergebnisse
    - die Bewertung der ergriffenen Korrekturmaßnahmen
- ➤ angemessene Vorbeugungsmaßnahmen zur Beseitigung möglicher Ursachen von Fehlern ergreifen

6. Branchenspezifische Anforderungen an QM-Systeme

6.1 Anforderungen der Automobilbranche

Um einheitliche Bewertungsrichtlinien zu haben und eine Hilfestellung beim Aufbau von QM-Systemen zu geben, wurden folgende spezielle Regelwerke geschaffen, die über die Anforderungen der ISO 9001 hinausgehen:

- VDA 6.1: Branchenstandard der deutschen Automobilindustrie
- QS-9000: Branchenstandard der amerikanischen Automobilindustrie
- ISO/TS 16949: Internationale Anforderungen bei Anwendung der ISO 9001:1994 für Zulieferer der Automobilindustrie.

6.1.1 VDA 6.1

Die VDA6.1 ist als Fragenkatalog aufgebaut. Sie besteht aus 23 QM-Elementen, davon
- 7 QM-Elemente im Bereich Unternehmensführung und
- 16 QM-Elemente im Bereich Produkt und Prozess.

Die Bedingungen zur Erteilung des VDA 6.1-Zertifikates sind:
- der Gesamterfüllungsgrad EGes beträgt mindestens 90%
- kein QM-Element weist einen Erfüllungsgrad EE von unter 75% auf
- keine der mit * gekennzeichneten Fragen wurde mit weniger als 8 Punkten bewertet
- keine Frage wurde mit 0 Punkten bewertet.

6.1.2 QS-9000

Die QS-9000 enthält:
- ISO 9001:1994-basierende Anforderungen
- branchenspezifische Anforderungen
- kundenspezifische Anforderungen.

6.2 Anforderungen der Lebensmittel- und Pharmabranche

Auch die Lebensmittel- und Pharmabranche stellt erhöhte Anforderungen an QM-Systeme. Daher wurden auch hier zusätzliche Normen und Regelwerke geschaffen, die eigenständigen Charakter haben oder auf den Anforderungen der ISO 9001 aufbauen. Als wichtigste sind zu nennen:
- GMP: Good Manufactoring Practice
- GLP: Good Laboratory Practice
- HACCP: Hazard Analysis Critical Control Points

6.2.1 Good Manufactoring Practice

Das GMP-Regelwerk wird von der WHO herausgegeben und richtet sich an Pharma- und Lebensmittelhersteller. Diese Gesetze legen unter anderem genau fest:
- Was bei der Herstellung von Pharmaka einzuhalten ist
- Welche Aufzeichnungen zu führen sind
- Welche Art der Kennzeichnung einzuhalten ist
- Welche Prüfungen durchzuführen sind

- Welche Aufgaben die Qualitätsprüfung hat und
- Was bei einer Abweichung von Spezifikationen zu tun ist.

6.2.2 Good Laboratory Practice – GLP

Die ebenfalls von der WHO herausgegebene Richtlinie zur guten Laborpraxis befasst sich mit dem organisatorischen Ablauf und den Bedingungen, unter denen Laborprüfungen geplant, durchgeführt und überwacht werden sowie mit der Aufzeichnung und Berichterstattung der Prüfung.

6.2.3 Hazard Analysis Critical Control Points – HACCP

Die HACCP ist die Analyse von chemischen, physikalischen oder mikrobiologischen Gefahren, die im Prozess von der Anlieferung über Lagerung, Verarbeitung, Herstellung und Verteilung im Zusammenhang mit Rohstoffen, Zutaten oder Fertigprodukten auftreten können.

Die Critical Control Points sind dabei die Punkte im Prozessverlauf, an denen die Steuerung der identifizierten Gefahren erforderlich bzw. möglich ist.

7. Aufbau und Einführung von Qualitätsmanagementsystemen

7.1 Aufbau von QM-Systemen

Der Aufbau von QM-Systemen erfolgt unter Mitwirkung aller Mitarbeiter der Organisation. Qualifizierte und motivierte Mitarbeiter sind daher eine wesentliche Voraussetzung für den erfolgreichen Aufbau eines QM-Systems.

Zum Aufbau eines QM-Systems empfiehlt sich die Anwendung folgender Methodik:
a) Beschluss der obersten Leitung
b) Bildung einer Arbeitsgruppe
c) Analyse der qualitätsrelevanten Dokumente
d) Erstellung einer Prozesslandkarte
e) Prozessgestaltung
f) Prozessbeschreibung
g) Freigabe und Verteilung der Dokumentation
h) Weiterentwicklung und Verbesserung

Aus der Umsetzung der internen und externen Anforderungen ergibt sich ein organisationsspezifisches individuelles QM-System. Die Aufbauorganisation des QM-Systems legt die Verantwortungen, Befugnisse und gegenseitige Beziehungen von Personal, das qualitätsrelevante Tätigkeiten ausführt, fest. Es sind mögliche Organisationsformen von Unternehmen enthalten:
- Funktionale Organisation
- Divisionale Organisation
- Geschäftsfeldorientierte Organisation
- Prozessoptimierte Organisation

Die graphische Darstellung in einem Organigramm visualisiert die Struktur der Organisation mit Verantwortungsebenen und Weisungsbefugnissen.

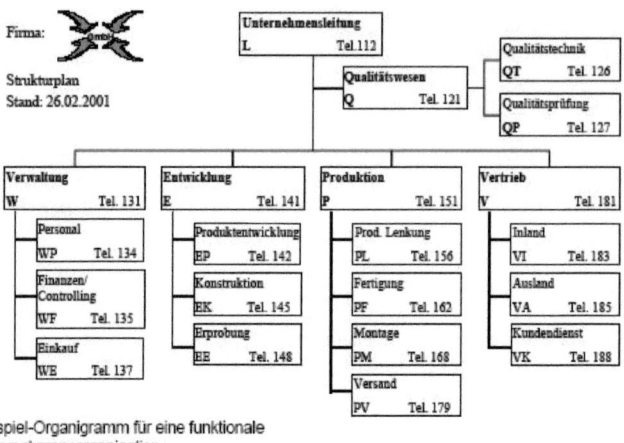

Beispiel-Organigramm für eine funktionale
Unternehmensorganisation

7.2 Einführung von QM-Systemen

Die Einführung eines QM-Systems kann auf verschiedene Arten erfolgen. Die im speziellen Fall günstigste Methode hängt ab von

- Anzahl der beteiligten Mitarbeiter
- Anzahl und Bedeutung der betroffenen Prozesse
- Ausmaß der Veränderung und
- Vorgesehenem Zeitrahmen des Projektes.

Strategien zur Einführung eines QM-Systems [Bec 01]

	Strategie	Merkmale	Vorteile	Nachteile
1	Pilotierte Einführung	Piloteinführung in einer Region und in einem Funktionsbereich	• keine Fehler-wiederholung • sehr hohe Sicherheit	• zeitintensiv • evtl. unkoordinierte Vorwegnahme
2	Step-by-step (regional gestaffelt)	Die Einführung erfolgt sukzessiv/überlappend in den einzelnen Regionen/Niederlassungen	• Erfahrungsgewinn • sukzessive Optimierung • Ausbildung von Multiplikatoren • hohe Sicherheit	• hohe Abhängigkeit von der ersten Einführung • lange Einführungszeit • Synchronisationsbedarf
3	Step-by-step (funktional gestaffelt)	Die Einführung erfolgt sukzessiv/überlappend in den einzelnen Funktionsbereichen	• Erfahrungsgewinn • sukzessive Optimierung der Einführung • hohe Sicherheit	• in der Ablauforganisation können nur wenige Organisationseinheiten isoliert betrachtet werden • Synchronisationsbedarf zwischen Organisationseinheiten
4	Big-bang	Die Einführung erfolgt gleichzeitig in allen Regionen und Funktionen	• schnellste Variante • keine „Unruhe" im Unternehmen • Produktivnahme ganzer Prozesse	• evtl. wiederholte Fehler • schwierige Konsolidierung • hohe Belastung • geringe Sicherheit

Nach Einführung des QM-Systems ist dessen Wirksamkeit regelmäßig zu bewerten. Dabei ist zu prüfen, ob die getroffenen Festlegungen an den erforderlichen Stellen bekannt sind und eingehalten werden sowie geeignet sind, interne und externe Anforderungen zu erfüllen.

7.3 Dokumente für QM-Systeme

Die Dokumentation zum Qualitätsmanagement muss enthalten:
- Dokumentierte Aussagen zur Qualitätspolitik und zu Qualitätszielen
- Ein QM-Handbuch
- Dokumentierte Verfahren, die normenseitig gefordert werden
- Dokumente, die die Organisation zur wirksamen Planung, Durchführung und Lenkung ihrer Prozesse benötigt
- Normenseitig geforderte Qualitätsaufzeichnung.

Die Dokumente von QM-Systemen werden unterteilt in Qualitätsforderungsdokumente und Qualitätsaufzeichnungen. Sie können sich auf das QM-System, auf Prozesse oder auf Produkte beziehen.

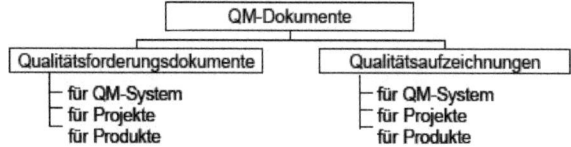

Qualitätsforderungsdokumente und –daten können sein:
- QM-Handbuch mit Prozessbeschreibung, Arbeits- und Prüfanweisungen, Checklisten und Formblätter
- Prozess- und Projektdokumente
- Produktdokumente

Qualitätsaufzeichnungen und –daten können beispielsweise sein:
- Prüfberichte, Prüfdaten
- Auditberichte
- Kalibrierdaten

7.4 Integrierte Managementsysteme

7.4.1 Gründe, Ziele und Hemnisse für den Aufbau integrierter Managementsysteme

Unternehmen haben sich den Anforderungen verschiedener Managementsysteme zu stellen. Dies betrifft hauptsächlich Qualitäts-, Umwelt- und Arbeitsschutzmanagement.

Der isolierte Aufbau dieser Managementsysteme in den Unternehmen verursacht einen erheblichen administrativen und ökonomischen Aufwand. Die Integration von Managementsystemen erlaubt es, die Anforderungen verschiedener Systeme bzw. Regelwerke gleichzeitig und effizient zu erfüllen.

Gründe für die Einführung eines integrierten Managementsystems:
- Einheitliche Dokumentation
- Klare Zuständigkeiten
- Schnittstellenoptimierung
- Transparenz
- Prozessorientierung
- Zielkonflikte lösen

Hemmnisse bei der Einführung eines integrieren Managementsystems:
- Leitfäden fehlen
- Kosten > Nutzen
- Bürokratie
- Fehlende PR-Wirkung
- Mitarbeiterakzeptanz fehlt

7.4.2 Vorgehensmodelle zum Aufbau integrierter Managementsysteme

Für den Aufbau integrierter Managementsystem kann
- Das summarische Vorgehensmodell und
- Das adaptive Vorgehensmodell

angewandet werden.

Beim summarischen Vorgehensmodell wird ein vorhandenes Managementsystem als Grundlage genommen. Dieses wird um weitere Managementaspekte aus anderen Managementsystemen in Form von zusätzlichen Elementen bzw. Managementhandbuchkapiteln erweitert, ohne jedoch in die inhaltliche Dokumentation des bestehenden QM-Systems einzugreifen.

Legt man das adaptive Vorgehensmodell zugrunde, wird das Managementsystem so aufgebaut, dass alle spezifischen Aspekte der relevanten Managementsysteme in einem Managementhandbuch berücksichtigt werden.

8. Zertifizierung von QM-Systemen

8.1 Gründe für die Zertifizierung von QM-Systemen

Zertifizierung: Maßnahme durch einen unparteiischen Dritten, die aufzeigt, dass angemessenes Vertrauen besteht, dass eine ordnungsgemäß bezeichnete Einheit die Qualitätsforderung erfüllt.

Die Gründe für die Zertifizierung von QM-Systemen sind:
- neutrale und unabhängige Bestätigung der Anwendung der Normanforderungen
- objektive Beurteilung der Wirksamkeit des QM-Systems durch fachkundige Experten
- Bestätigung für den Kunden, dass das Unternehmen die qualitätsrelevanten Prozesse konform zu den Minimalanforderungen der Normreihe gestaltet hat
- kontinuierliche Verbesserung des QM-Systems durch begleitende Überprüfung der Korrektur- und Verbesserungsmaßnahmen
- externer Zwang zur Weiterentwicklung des Systems
- Wettbewerbsvorteil durch Marketingeffekte

8.2 Zertifizierungsdurchführung und Zertifizierungsaudit

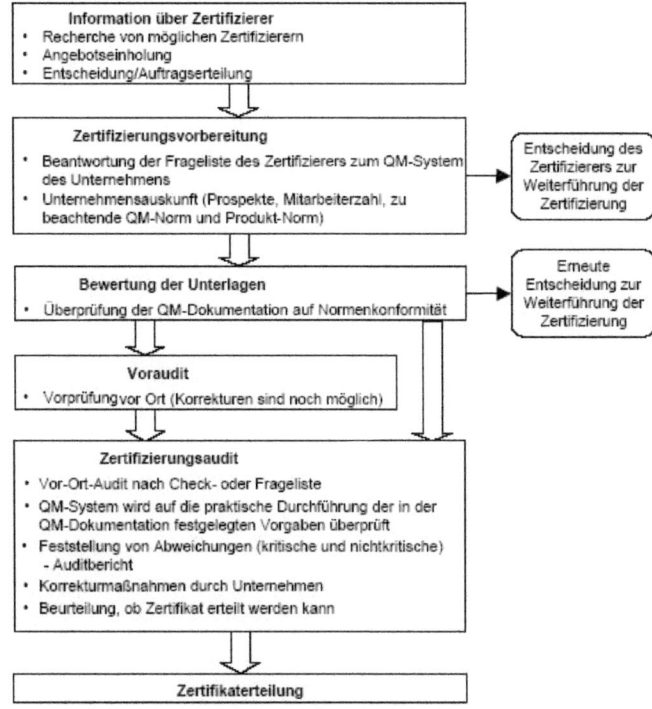

8.3 Fehler bei der Zertifizierung

Fehler bei der Vorbereitung:
* Es wird ein „Musterhandbuch" erarbeitet
* Lösungssuche für Andere statt gemeinsame Lösungsfindung
* Vorbereitung auf Kontrolle statt auf Qualität

Fehler bei der Durchführung:
* Unternehmen möchte Zertifikat statt Qualitätsmanagement
* Mitarbeiter wurden nicht informiert
* Mitarbeiter wurden nicht geschult
* Qualitätsziele sind nicht bekannt